Boucle d'or et les trois ours

Goldilocks and the Three Bears

retold by Kate Clynes
illustrated by Louise Daykin

French translation by Gwennola Orio-Glaunec

mantra lingua

Boucle d'or s'amusait à cueillir des fleurs pour sa maman.
Elle s'enfonçait **de plus en plus loin** dans les bois.

Arrête Boucle d'or, rentre chez toi,
Les bois sont dangereux quand on est tout seul.

Goldilocks was having fun, collecting flowers for her mum.
She was heading **deeper** and **deeper** into the woods.

Stop Goldilocks, go back home,
Woods aren't safe when you're all alone.

Elle trouva une petite chaumière avec un beau jardin.
- Je veux cueillir ces fleurs, dit Boucle d'or.
- Je vais voir s'il y a quelqu'un dans la maison.

She found a cottage with a beautiful garden.
"I want to pick those flowers," said Goldilocks. "I'll see if anyone's home."

Arrête Boucle d'or, frappe encore une fois à la porte,
Il y a peut-être quelque chose de féroce là-derrière.

Stop Goldilocks, knock once more,
There may be something grizzly behind the door.

- Bonjour ! cria-t-elle,
- Y a quelqu'un ?
Il n'y eut pas de réponse.

"Hello!" she called,
"is anybody home?"
But there was no reply.

Il y avait trois bols sur la table. Un grand bol, un bol de taille moyenne et un petit bol.
- Miam-miam, de la bouillie ! dit Boucle d'or,
- Je meurs de faim.

On the table were three steaming bowls. One big bowl, one medium sized bowl and one small bowl. "Mmmm, porridge," said Goldilocks, "I'm starving."

Arrête Boucle d'or, ne va pas si vite,
les choses pourraient très mal tourner.

Stop Goldilocks don't be hasty,
Things could turn out very nasty.

Boucle d'or prit une cuillère dans le grand bol.
- Aie ! cria-t-elle. C'était bien trop chaud.

Goldilocks took a spoonful from the big bowl.
"Ouch!" she cried. It was far too hot.

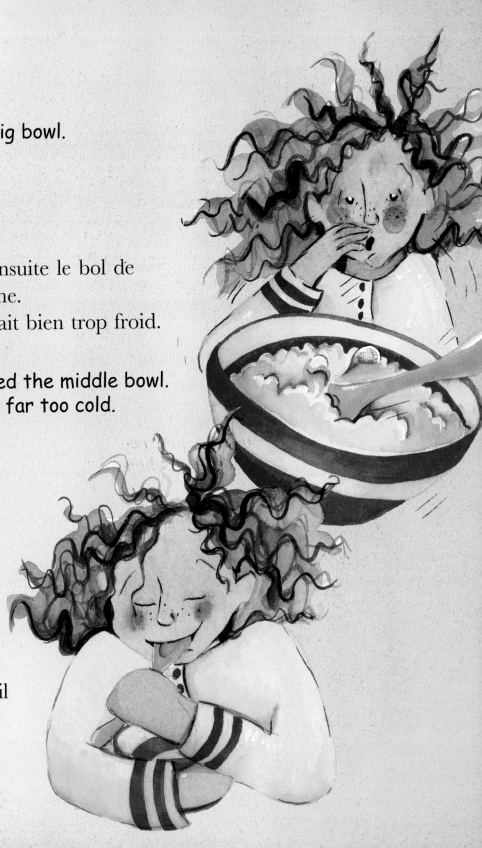

Elle essaya ensuite le bol de
taille moyenne.
- Berk ! C'était bien trop froid.

Then she tried the middle bowl.
"Yuk!" It was far too cold.

Mais le petit bol était juste comme il
faut et Boucle d'or mangea tout !

The small bowl, however, was just
right and Goldilocks ate the lot!

L'estomac bien rempli, elle
s'aventura dans la pièce d'à côté.

With a nice full tummy, she wandered
into the next room.

*Arrête Boucle d'or, tu ne peux pas te promener et
fouiner dans la maison de quelqu'un d'autre.*

*Hang on Goldilocks, you can't just roam,
And snoop around someone else's home.*

Il y avait trois chaises devant un feu qui
chauffait et rougeoyait.
Une grande chaise, une chaise de taille
moyenne et une petite chaise.

In front of the warm, glowing fire
were three chairs.
One big chair, one medium sized
chair and one small chair.

Boucle d'or grimpa d'abord sur la grande chaise, mais elle était trop dure.
Elle grimpa ensuite sur la chaise de taille moyenne, mais elle était trop molle.
Mais la petite chaise était juste comme il faut.
Boucle d'or s'adossa en arrière, quand...

First Goldilocks climbed onto the big chair, but it was
just too hard.
Then she climbed onto the medium sized chair,
but it was just too soft.
The little chair, however, felt just right.
Goldilocks was leaning back, when...

CRAC ! Les pieds de la chaise cassèrent et elle tomba par terre.
- Aie ! cria-t-elle. - Stupide chaise !

Oh non Boucle d'or qu'est-ce que tu as fait ?
Relève-toi vite et cours.

SNAP! The legs broke
and she fell onto the floor.
"Ouch," she cried.
"Stupid chair!"

Oh no Goldilocks, what have you done?
Get up quick, get up and run.

Boucle d'or se sentait fatiguée
et elle monta à l'étage.
Il y avait trois lits dans
la chambre.
Un grand lit, un lit de taille
moyenne et un petit lit.

Goldilocks felt tired so she made her way upstairs.
In the bedroom were three beds.
One big bed, one medium sized bed and one small bed.

Elle grimpa sur le grand lit mais il était trop bosselé. Elle essaya ensuite le lit de taille moyenne, qui était trop élastique. Mais le petit lit était juste comme il faut et elle s'endormit vite profondément.

She climbed up onto the big bed but it was too lumpy. Then she tried the medium sized bed, which was too springy. The small bed however, felt just right and soon she was fast asleep.

Réveille-toi Boucle d'or, ouvre les yeux,
Tu vas avoir une GROSSE surprise !

Wake up Goldilocks, open your eyes,
You could be in for a BIG surprise!

A ce moment-là les trois
ours rentrèrent à la maison.
Après avoir trébuché sur un
panier, papa ours remarqua la table.

Just then the three bears came home.
After tripping over a basket,
Father Bear noticed the table.

- Quelqu'un a mangé ma bouillie, dit-il d'une grosse voix grave.
- Quelqu'un a mangé ma bouillie, reprit maman ours, d'une voix moyenne.

"Someone's been eating my porridge," he said in a loud gruff voice.
"Someone's been eating my porridge," echoed Mother Bear in a medium voice.

- Quelqu'un a mangé ma bouillie, gémit bébé ours d'une petite voix,
- Et il a tout mangé !

"Someone's been eating my porridge," cried Baby Bear in a small voice,
"and they've eaten it all up!"

Trois ours affamés, et un peu méfiants, mais un monstre qui cueille des fleurs ne peut pas faire très peur.

Three very hungry bears, feeling slightly wary,
But a flower-collecting monster
doesn't sound too scary.

Ils entrèrent à pas de loup dans le salon.
- Quelqu'un s'est assis sur ma chaise, dit papa ours d'une grosse voix grave.
- Quelqu'un s'est assis sur ma chaise, reprit maman ours, d'une voix moyenne.

Holding hands, they crept into the living room.
"Someone's been sitting in my chair,"
said Father Bear in a loud gruff voice.
"Someone's been sitting in my chair,"
echoed Mother Bear in a medium voice.

- Quelqu'un s'est assis sur ma chaise, gémit bébé ours d'une petite voix,
- Et regardez, il l'a cassée !
Et il fondit en larmes.

"Someone's been sitting in my chair," cried Baby Bear
in a small voice, "and look, they've broken it!"
He burst into tears.

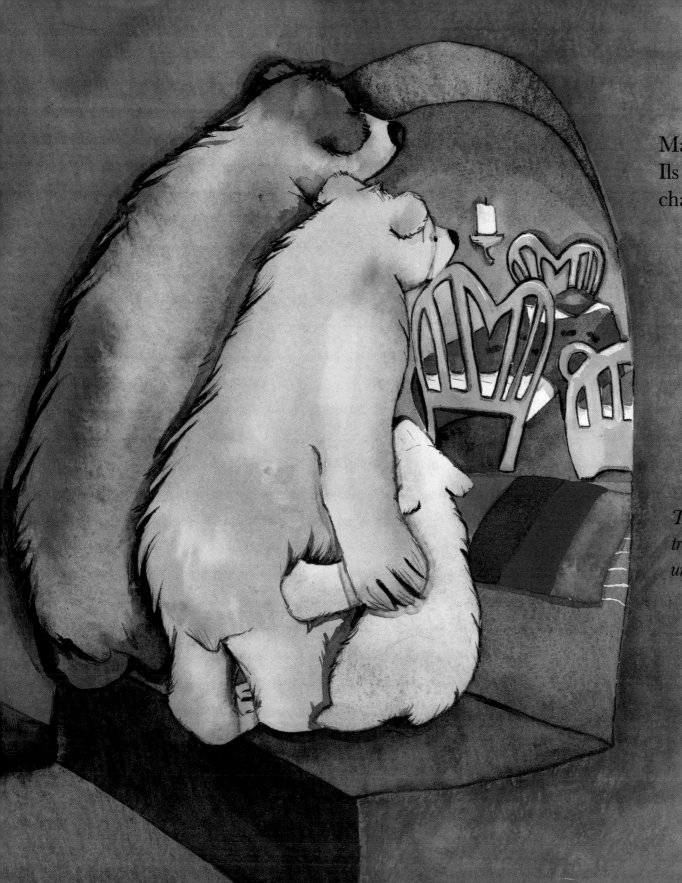

Maintenant ils étaient très inquiets.
Ils montèrent doucement dans la
chambre, sur la pointe des pieds.

Now they were very worried.
Quietly they tiptoed up the
stairs into the bedroom.

Trois ours inquiets de ce qu'ils allaient
trouver,
un monstre casseur de chaises très méchant.

Three grizzly bears, unsure
of what they'll find,
Some chair-breaking monster
of the meanest kind.

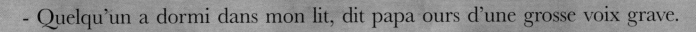
- Quelqu'un a dormi dans mon lit, dit papa ours d'une grosse voix grave.

"Someone's been sleeping in my bed," said Father Bear in a loud gruff voice.

- Quelqu'un a dormi dans mon lit, reprit maman ours, d'une voix moyenne.

"Someone's been sleeping in my bed," echoed Mother Bear in a medium voice.

- Quelqu'un a dormi dans mon lit, gémit bébé ours d'une voix qui était loin d'être petite,
- Et regardez !

"Someone's been sleeping in my bed," wailed Baby Bear in a far from small voice, "and look!"

Le bruit réveilla Boucle d'or et elle hurla.

The noise woke Goldilocks up and she screamed.

Comme les ours se remettaient
de leur choc…

While the bears were
recovering from their shock…

Boucle d'or sauta du lit, descendit l'escalier en courant, attrapa son panier et s'enfuit.

Goldilocks leapt out of bed, ran down the stairs, grabbed her empty basket and fled.

Et bien, Boucle d'or, cela te servira de leçon, Les ours t'ont fait très peur. Mais voici un secret à partager, Les trois pauvres ours ont été aussi effrayés que toi !

Well Goldilocks, it serves you right, Those bears gave you a terrible fright. But here's a secret that must be shared, The three poor bears were just as scared!